~ 1 ~

Impressum
Herstellung und Verlag:
Books on Demand GmbH, Norderstedt
ISBN 978-3-8423-6583-4

Titelbild: Swetlana Schäfer, Kalletal, Mediendesign

Inhaltsverzeichnis

Die kleinen Dinge

Es sind die kleinen Dinge im Leben
die uns viel Schönes geben.
Ein Kaffee im Stehen,
ein netter Gruß im vorrübergehen,
ein kleiner Plausch,
ein netter Meinungsaustausch,
in Nachbar' s Garten schau' n,
seine Kirschen klau' n.

Schöne Dinge von Herzen verschenken,
an die Liebsten denken,
ein Lächeln auf den Lippen,
an einem Glas Wein nippen,
an vielen Dingen Freude haben,
unangenehme Dinge werden begraben.
Es gibt Dinge, die wir besonders lieben
und es gibt Dinge, die wir vor uns herschieben.

Ein schönes Ding ist ein Gedicht.
So erzähle ich aus meiner Sicht,
über die kleinen Dinge des Lebens,
denn kein Ding auf der Welt ist vergebens.

Am Klavier eine Stimme sang

Am Klavier eine Stimme sang,
so schon und aus voller Kehle.
Durchs Fenster der Wind eindrang:
„Was willst du werden Menschenseele?"

Die Stimme in den höchsten Tönen sang:
„Groß und berühmt möchte ich werden."
Am Fenster macht der Wind sich lang:
„Das wollen viele hier auf Erden!"

Die Stimme unbeirrt weiter sang:
„Und nur für mich gibt es Applaus."
Dem Wind war es gar nicht bang:
„Auch dir geht mal die Luft aus."

Die Stimme nun ärgerlich klang:
Besser Wind du verwehst dich.
Am Fenster der Wind nun sang:
Aber warum denn so empfindlich?

Die Stimme sang aus voller Kehle:
Niemals werde ich atemlos sein.
Wir beide sind ein Herz und eine Seele -
und saugt den Wind in sich hinein

Die Musik und die Natur vermitteln uns Dinge im Leben, auf die wir nicht verzichten möchten. Beide schaffen uns einen herrlichen Genuss, eine emotionale Freude und sie hinterlassen uns ein Gefühl unbeschreiblicher innerer Befriedigung. Die Natur ist keine Erfindung des Menschen und Musik ist keine Laune der Natur.

Musik ist keine Laune der Natur

Musik ist keine Laune der Natur,
Sie ist die allerschönste Erfindung nur.
Musik wird meine Bestimmung sein.
Jeder Ton glänzt wie ein Edelstein,
in ihrem einzigartigen Spiel.
Instrumente werden erklingen
und eine Stimme wird dazu singen,
meine Gefühle werden sich erheben,
auf wunderbare Weise schweben,
ich spüre die Harmonie und die Phantasie
vereint die Leidenschaft mit der Melodie.

Musik wird himmlisch klingen
und tief in mein Ohr eindringen.
Nur um mir zu sagen,
sie will mich tragen,
mit ihrem einzigartigen Spiel
will sie mich führen bis zum Ziel
mit herrlichem Klang –
wird sie mich verführen
und mich auch berühren –
mit ihr fliege ich durch alle Zeiten
sie wird mich begleiten.
Niemals wird sie schweigen,
sich immer nur von ihrer allerschönsten Seite zeigen

Mit ihrer ganzen Zauberkraft
erfasst Musik mich mit Leidenschaft.
Sie wird meine Sinne wecken,
ich werde auf 's Neue entdecken,
ihr einzigartiges Spiel -
und manch schöne Melodie
wird zu meiner Lebensphilosophie.

Musik nimmt mich mit,
und Ton für Ton
lässt sie in meiner Seele reifen,
was ich soll begreifen -
das sie mir immer nur Freude bringt,
wenn sie tief genug in meinem Herzen klingt.

Als der Musik endlich den großen Durchbruch gelang, war
der Schöpfer von einer seiner schönsten Werke
begeistert. Aber bald sah er auch, dass niemand auf
Erden war, der sein Werk beklatschte. Und als er so
darüber nachdachte, hörte er, just in diesem Moment,
von der Erde ein Wehklagen.

Eine Läusemutter tat schmerzlich missen,
eines ihrer zahlreichen Nissen.
Aus seinem Zuhause fortgekämmt,
das Läusekind hat bitterlich geflennt
und tat in seinem Schmerz
es wagen,
seinen Schöpfer anzuklagen.

Du da oben, du lieber Mann,
was hast du mir bloß angetan?
Wo ich bin, juckt der Kopf
und vom Scheitel bis zum Zopf
tun Mensch und Tier
sich nach mir
kratzen
mit ihren Händen und ihren Tatzen.

Da kratzt der Schöpfer sich an den Bart
und nach typisch göttlicher Art,
sah er seinen Schöpfungsfehler ein.

Läusekind, du lebst auch
zu einem anderen Nutzen,
geh und tue dich fein rausputzen,
ich glaube, es ist nicht verkehrt,
wir beide gehen in ein Konzert.

Dort konnte kleine Laus nur staunen
und es entwich ihr ein leises Raunen.
Hände saßen hier in jeder Reihe,
die vom Kenner und die vom Laien;
und der Ärmste und der Reiche,
alle im Saal taten sie das Gleiche.
Sie klatschten in ihre Hände
und an deren Innenwände
erzeugten sie einen Knall,
dieser entwich mit einem Schall.

Gänsehaut erfasste die Laus,
denn mit Saus und Braus
füllte sich die ganze Halle
mit diesem Riesengeschalle
und aus ihrem Echo heraus
hörte sie - Laus, Laus-
und bist du noch so klein,
nun wirst du was ganz Großes sein-

Applaus - Applaus   - Applaus …………. Aus!

Ein schönes Ding ist der Sonntag. Ein Ruhetag, der
geradezu dazu einlädt, es sich gemütlich zu machen.

Es ist Sonntag,
was ich besonders gerne mag,
ist - die Füße hochlegen,
den Alltagsstress wegfegen,
Hektik zurückweisen,
in Gedanken verreisen,
Sorgen fallen lassen,
nichts anfassen,
einmal nichts besorgen,
mir gehört der Sonntagmorgen.

Sonntagsbrötchen frisch,
Honig auf dem Tisch,
im Sonntagsblatt eine Poesie
im Radio eine Sinfonie,
die Zeit vergessen,
Schokolade essen,
vor sich hinträumen,
Nachrichten versäumen,
nur das tun, was ich mag,
Es ist Sonntag.

Es gibt Dinge im Leben, die sind längst verstaubt.
Aber es lohnt sich dennoch, darüber nachzudenken.

Lieber Gott, es gibt da ein Problem,
ein kleines - in deinem System.
Du hast dir doch was dabei gedacht,
als du Mann und Frau hast gemacht
als gleichwertiges Paar,
in der Natur unverwechselbar.

Doch soweit ich mich erinnern kann,
aus Staub formtest du zuerst den Mann
und schenktest ihm den Glauben,
er dürfe mir das Leben rauben.

Denn kaum hatte er sich abgestaubt,
so meinte er, es sei nur ihm erlaubt,
in deiner Schrift zu lesen,
er sei das einzig wahre Wesen.

Aber ich will auf eigenen Füßen stehen,
da kann der Mann wenden und drehen,
sein Feigenblatt wie er will,
ich halte nicht mehr still.

Denn nun sei es mir erlaubt,
zu schütteln von meinem Haupt
den biblischen Staub -
mit Verlaub.

Denn du hast mich nicht bei den Haaren herbeigezogen,
sondern aus einer Menschenrippe zurechtgebogen
zu einem starken Gerippe, das alles zusammenhält,
so hast du mich, die Frau - in die Welt gestellt.

Musik schreiben ist ein schönes Ding. Ein Komponist
vermag es, mit ein paar Noten wunderbare Musik zu
schaffen. Das gefiel mir so sehr, dass ich auch ein
Komponist werden wollte. Auch wenn ich eine Frau bin,
es kann doch nicht so schwer sein, Musik zu schreiben.
So setzte ich mich an mein Klavier und dann kam doch
alles ganz anders.

Ihr seid für mich ein Phänomen,
erfunden von, ich weiß nicht wem.
Elegant in schwarz auf weiß,
bewundere ich sogar euren Fleiß.

Auf fünf Linien seid ihr zu Haus,
eure Melodien gehen niemals aus.
Euch gibt es schon eine Ewigkeit
und eure Kunst ist weit und breit
die Lebendigste, die es schafft,
mir zu rauben meine Geisteskraft.

Ich pfeif auf euren Glorienschein
warum fiel ich auf euch nur rein.
Mit euch verbring ich Tag und Nacht,
nun hab ich mir Mut gemacht,
um euch endlich zugestehen –
Ich kann euch einfach nicht mehr sehen.

Denn neben euch fühl ich mich dumm
und ich denk es bringt mich um,
weil es mir auf die Nerven geht,
wie ihr so stolz auf dem Blatte steht.
Immer nur auf demselben Fleck,
verursacht mir einen Kummerspeck

Mit eurer kugelrunden Figur,
geht ihr mir mächtig gegen die Natur.
Mit einem viel zu dünnen Hals,
mit hohlen Köpfchen allenfalls,
steht ihr immer nur nackt herum,
zieht euch zum Konzert nicht mal um.

Ich habe gedacht, dass wir uns lieben
und für immer zusammen blieben.
Ach, wäre ich doch wie Beethoven taub,
könnte euch nicht hören mit Verlaub.
Wenn ihr nur stille wärt mit jedem Ton.
Ich ertrage einfach nicht eure Perfektion.

Ein Komponist, so habe ich gedacht,

werde ich mit eurer Zaubermacht.
Ich werde zu Mozarts Wiedergeburt,
was ist denn daran so absurd?

Es ist doch wirklich nicht so schwer,
euch auf den Linien kreuz mal quer,
so zu setzen dass ein Lied entsteht,
das um die ganze Welt dann geht,
dass man nicht nur singt und pfeift,
auch die Menschheit hier begreift,
in der Musik geht nichts verloren,
mit mir ist ein neuer Bach geboren.

Doch nun, hier an meinem Klavier,
steht ihr vor mir auf dem Papier,
schwarz auf weiß und photogen,
seid Ihr das einzig wahre Phänomen.
Ihr verdient Applaus im Rampenlicht –
und ich sitz hier im Dämmerlicht.

Da trifft es mich wie ein Schlag,
Einsicht bringt es mir an den Tag.
Eure Schöpfung ist kein Versehen,
nur mir fehlt das musikalische Gen.

Ich Traumtänzer sehe es endlich ein,
niemals werde ich ein ganz Großer sein,
und ich lebe auch nicht hier auf Erden,
ein Georg Friedrich Händel zu werden.
Denn ich werde euch nie begreifen,
nicht gekonnt in eure Kunst eingreifen.
ihr seid eine Wissenschaft für sich
und für die Menschheit unentbehrlich.

Für eure Schöpfung wird man geboren,
und nur wenige hat Gott erkoren,
die Menschheit bis in alle Ewigkeiten
mit ihrer unsterblichen Musik zu begleiten.

Nur eins erfüllt mich doch mit Neid,
dass ihr so unsterblich seid.
Euch gibt es noch in unerreichbarer Zeit -
verzeiht mir bitte meine Takt- Losigkeit.

Wenn Richard Wagner gute Musik hörte, dann pflegte er
zu sagen – Setzen sie die Brille ab, sie dürfen die Musik
nur hören.   Musik hören ist der kleinste Schritt zur
Musikalität, der für uns Menschen, vollkommen ausreicht.
Musik gehört zu den schönsten Dingen im Leben, die
einfach nicht wegzudenken sind. Ohne Musik wäre das
Leben ein Irrtum, sagte einst Friedrich Nietzsche.

Ich war noch ein Kind,
wir waren der Musik wohlgesinnt.
Am Sonntagabend immer um acht,
wurde Musik noch selbst gemacht.

Ich spielte am Klavier,
spielte nach Noten vom Papier,
Vater stimmte immer wieder,
an die schönen alten Lieder,
wenn wir Kinder sie sangen.
sind sie ihm zu Herzen gegangen.

Die Zeit aber bleibt niemals steh' n
und viele Jahre nun vergehen' n.
Wir Kinder sind erwachsen schon,
ich habe nun selbst einen Sohn.
Am Sonntag, so habe ich gedacht,
am Abend wird Musik gemacht.
Ich möchte die Familie beglücken,
Musik ins rechte Licht rücken.

Ich setzte mich an das Klavier,
spielte nach Noten vom Papier,
Beethoven, nicht mehr modern,
Für Elise spielte ich besonders gern.

So erfüllte ich meine schönste Pflicht,
nur der Sohn verstand es nicht:
„Nach deiner Elise steht mir nicht der Sinn.
Ich geh heut Abend wo anders hin".

Da wurde ich ganz nachdenklich.
Irgendwie ist es nicht mehr feierlich.
Früher, im meiner Kindheit,
am Sonntag zu der Abendzeit,
da machten wir wirklich echt,
selbst Musik, das war nicht schlecht.
Ein Instrument, dazu Gesang,
wir musizierten einen Abend lang.
Der Sohn aber glaubt es kaum.
Echte Hausmusik in diesem Raum?

Die Zeit aber bleibt niemals steh' n,
noch mal viele Jahre vergehen' n.
Der Sohn ist erwachsen schon,
ich habe nun einen Enkelsohn.

So erzähle ich vom meiner Kindheit,
von der Musik zur Abendzeit,
von dem Klavier, dem Gesang
einen ganzen Abend lang.

Da hat sich der Enkelsohn gedacht,
dass er heute etwas Besonderes macht.
Er möchte die Familie beglücken,
den Abend mit Musik ausschmücken.

Doch statt Musik hämmern nun Bässe
aus einer Anlage gleich einer Stahlpresse.
Seine Musik nennt er fortschrittlich
und mich macht es ganz nachdenklich.
Heutzutage lieben alle das fortissimo-
und ich sehne mich nach einem Piano.
Ich spielte doch so gerne am Klavier,
Beethoven's Elise vom Notenpapier.

Die Zeit aber bleibt niemals steh' n,
noch mal viele Jahre vergehen.
Ich erlebe jetzt die nächste Generation,
nun habe ich einen Urenkelsohn.
Doch die Welt ist ziemlich leer,
richtige Musik, die gibt es nicht mehr.

So erzähle ich vom meiner Kindheit,
von der Musik zur Abendzeit.
Im Keller unter der alten Markise
verstaubt das Klavier und auch die Elise.

Mein Enkel aber, ich glaubte es kaum.
Er zog mich in den Kellerraum.

Bitte zeige mir,
wie spielt man „Für Elise„ auf dem Klavier.

Zu praktischen und nützlichen Dingen gehört der Schuh.
Er verhindert, dass wir keine kalte nicht und nassen Füße
bekommen. Aber Schuh ist nicht gleich Schuh. Und wenn
zwei Schuhe unterschiedlicher Art aufeinander treffen,
dann gibt es Neid und dass ist kein schönes Ding.

Schuhe aller Art

Schuhe aller Art
stehen aufbewahrt
in einem Schuhregal,
derbe und feudal,
nach Geschmack,
mit Leder oder Lack
sauber aufgereiht
für jede Zeit
Paar für Paar
unverwechselbar.

Wie auch im richtigen Leben-
und auch das soll es geben,
gibt es im Regal Neider,
die Unruhe stiften – leider.

Nach meinem Geschmack -
sagt der Schuh aus Lack,
bist du nicht
und dein Gesicht
ist abscheulich -
gar widerlich
geradezu -
er meint den Wanderschuh.

Nach meinem Befinden,
von hier verschwinden
solltest du,
denn der Clou
bist du nicht.
Allein dein Gewicht
nicht gerade besticht
durch Eleganz -
bleib mir auf Distanz.

Dein Gestank
macht mich krank
und deine Flecken
tun mich abschrecken.
Verzeih – aber du solltest einsehen,
mit dir möchte ich nicht ausgehen.

Der Wanderschuh hörte zu
geduldig dem Schuh
neben ihm, der aus Lack
und denkt - über Geschmack
lässt sich streiten,
aber jedes Ding hat zwei Seiten.

Und so denkt er nach -
gemach – gemach,

bevor er zum Lackschuh spricht.
 Was willst du Lackgesicht
eigentlich von mir?

Ich stehe hier
ganz friedlich und still,
weil ich meine Ruhe haben will.

Ich habe den Verdacht,
du hast verbracht
mit Glanz dein Leben -
und das soll es wohl geben,
in vornehmer Umgebung
mit der Bestrebung -
ein jeder soll es sehen -
glänzend dazustehen.

Der Wanderschuh weiter spricht-
aus meiner Sicht
mag es sein,
du passt recht fein,
zu einem Kleid,
doch aus dir spricht Neid.

Sieh, mein Material ist aus Natur
hergestellt und nur ….
du bist aus Chemie gemacht
hast du da mal drüber nachgedacht?

Es weiß doch ein jeder,
das beständigste ist Leder,
wetterfest und robust.
Umweltbewusst
ist dagegen dein Lack nicht,
und wenn der bricht,
ich sag es kurz und knapp – dann ist der Lack ab.

Du hast dann ein Problem,
dir hilft auch keine Crem' -
und auch kein Glück -
ein unansehnliches Stück
bist du nun ohne Glanz,
vorbei ist es mit dem vornehmen Tanz.

Ich aber halte ich mich geschmeidig
mit Lederfett und wandere schneidig
durch die Welt.
Nicht wie du aus dem Ei gepellt,
aber mit festen Schritt
wandere ich somit
durch Wald und Flur,
als ein Teil der Natur.

Und du? Kein Glanz, kein Lack.
Du wanderst in den Kleidersack.

Was nützen uns die schönsten Dinge, wenn sie verloren gehen. So zählt die Erinnerung zu den wichtigen Dingen im Leben, denn nichts sollte in Vergessenheit geraten.

Der Ziegenberg

Wenn ich heute an der Weser stehe,
und mein Bild im Wasser sehe,
als wenn ich in den Spiegel blicke,
ich meine Gedanken zurückschicke
in die Zeit
meiner Kindheit.

Ich sehe, wie ich an der Weser stand
Und ich kleine flache Steinchen fand,
die mir aus dem Handgelenk entglitschten
und dann über das Wasser flitschten.
Auch wenn ich mit den Finger hinterher zeigte,
niemals erreichte ein Stein die andere Seite.

Ach, die Weser war ja so breit
und zum Ziegenberg war es genauso so weit.

Der Ziegenberg. Plötzlich musste ich daran denken,
als Kind tat ich meine Gedanken lenken,
dass die Welt hier zu Ende sein muss,
am Ziegenberg am Fuße des Fluss.

Heute muss ich darüber schmunzeln,
doch als Kind tat ich die Stirne runzeln,
weil ich darüber nachdachte,
wie man es am besten machte,
über den Ziegenberg zu sehen.

Eines Tages wollte ich dorthin gehen
mit einer riesenlangen Leiter,
um zu sehen, wie geht es weiter
hinter dem Berg. Jedoch –
ich ahnte, da ist bestimmt ein Loch.
So beließ ich es dabei,
dass die Welt hier zu Ende sei.

Einmal tat ich zum Himmel blicken,
um eine Bitte nach oben zu schicken.
Ach, ich bin ja noch so klein,
aber sollte ich einmal größer sein,
dann lieber Gott, lass es geschehen,
ich möchte einmal über den Ziegenberg seh' n.

Es wäre ein tolles Ding, wenn Bäume reden könnten. Und
wenn sie dann noch so alt sind wie die Eiche, dann wären
ihre Geschichten wie eine Zeitreise in die Vergangenheit.

Ich bin ein Traum-
von einem Baum.
Ich bin überall bekannt
Eiche werde ich genannt.
Imposant ist meine Erscheinung,
darum teilte sich über mich auch die Meinung.

Die Griechen wollten, ich werde
die Verbindung zwischen Himmel und Erde.
Die Römer weihten mich ganz flott
mal eben Jupiter, ihrem höchsten Gott.
Und die Germanen, das ist der Gipfel,
bei Vollmond unter meinen Wipfeln,
sie zusammentraten
um über Gesetze zu beraten.
Die Christen trieben es auf die Spitze,
ich käme aus des Teufelshitze.
Ich war der Baum des Bösen,
Angst tat ich ihnen einflößen.

Doch bald machte man vom Aberglauben kehrt
und man erkannte meinen Wert.
Hart war mein Holz,
darauf war ich auch stolz.
Man holte mich aus dem Wald heraus,
und baute aus mir ein Haus,
eine Brücke, eine Mühle
und das höchste der Gefühle,
als Schiff auf dem Meer,
kreuz und quer,
unter dem weiten Himmelszelt
entdeckte ich mit die Neue Welt,

Und dann - ich glaubte es kaum.
in Frankreich wurde ich zum Freiheitsbaum.
Doch nun kommt die Krönung,
mit der Versöhnung-
ich tue es mit einem Fingerzeig-
die fünf Cent-Münze ziert mein Eichenzweig.

So steht mein Vorfahre
schon Tausend Jahre -
irgendwo am Niederrhein
und lässt fünfe grade sein.

Auch heute noch ist mein Holz
hart, darauf bin ich stolz.
Man holt mich aus dem Wald heraus,
baut aus mir ein Haus,
eine Brücke, eine Mühle
und das höchste der Gefühle,
als Schiff auf dem Meer,
kreuz und quer,
unter dem weiten Himmelszelt
entdecke ich mit die große Welt.

Sitzt du jemals auf einer Bank aus Eichenholz,
dann sei darauf stolz.
Auch wenn du sitzt auf einer Leiche,
bedenke- es meine, die einer Eiche.

Denn ich bin ein Traum
von einem Baum.

Der Herbst

Der Herbst zur Buche spricht,
ich verpasse dir ein neues Gesicht,
denn dein ewig grünes Kleid
bin ich nun wirklich leid.

Mit einer Idee im Kopf,
in der Hand einen Farbtopf,
auf der Schulter eine Leiter,
mit einer Laune recht heiter,
setzte er mit einem Hupfer
auf jedes Blatt einen Farbtupfer.

Da kam ein Specht daher
und wunderte sich doch sehr
über die bunte Kleckserei-
und dachte sich, ich bin dabei.

Er tat nur kurz an klopfen,
und dann ließ er einen Klecks tropfen
doch glatt
auf ein fertiges Buchenblatt.

Ach du Schreck,
dieser weiße Fleck,
igitt -
ist des Vogels Schitt.

Dem Herbst dieses gar nicht gefiel-
das Einmischen in sein Farbenspiel.

„Mit welchem Recht
mischt der Specht
hier mit
mit seinem Schiet."

Da tat der Herbst kräftig husten,
um einen gewaltigen Sturm auszupusten,
der den Specht dann glatt
herunterfallen ließ vom Blatt.

Doch der Specht fiel nicht alleine,
auf seine zwei Beine.

Da wehte doch mit im Wind
recht geschwind
auch manch' Blattgewächs,
das als bunter Farbklecks
nun die Erde zierte –
und wenn ich mich nicht irrte,
entstand so, ich glaub' –
das bunte Herbstlaub.

Waldklage

Ich schenke der Welt frische Luft,
und mein Ambiente
setzt Akzente –
mit Farben der Jahreszeit,
doch wo bleibt die Dankbarkeit?

Mein grünes Gesicht
mag der Mensch wohl nicht.
Immer mehr wird er zu einem Objekt,
ohne Gewissen und ohne Respekt.
Vor nichts macht er halt,
er kommt zu mir in den Wald,
fügt mir zu großen Schaden,
Müll tut er bei mir abladen.
Statt Schweigen im Walde
rede ich nun über die Müllhalde.

Ein Fluch geht über meine Lippen,
in mein Wohnzimmer tut er kippen,
Lumpen – zerrissen, zerschlissen –
uralte Federkissen.
Und dann, ich kann es nicht begreifen,
einen alten Herd tut er herbeischleifen.

Soll ich mir mit den ganzen Sachen
etwa einen schönen Tag machen?
Ich will das ganze Zeug nicht,
weil mein Ökosystem daran zerbricht.
Denn was im mir kreucht und fleucht,
wird durch seinen Müll verseucht.
Vorbei ist es dann mit der frischen Luft.
Kein Schatten, kein Tannenduft,
keine Farben der Jahreszeit,
Trockenheit macht sich breit.
Kein Gebüsch, keine Bäume,
keine Ruhe, keine Träume.

Mensch, denk nach über das Leid,
nimmst du mir mein grünes Kleid,
dann ist, das ist Fakt –
deine Erde ziemlich nackt.

Für uns ist der Kaffee ist ein herrliches Ding mit einem
wunderbaren Geschmack, ein unverwechselbarer Duft und
eine kleine Pause zwischendurch.
Wir sind Kaffeegenießer und wir können uns den Kaffee
auch leisten. Aber auf der anderen Seite der Welt
pflücken Menschen den Kaffee für uns an sieben Tagen.
Es ist eine schwere Arbeit, für die die Kaffeepflücker
nur wenig Lohn bekommen.

Kaffeegeschichte einer Dame

Meine Welt wäre passe,
gäbe es nicht den Kaffee.
Stets frisch gemacht,
schwarz wie die Nacht.
Mit Sahne, ein Reflex,
nur ein kleiner Klecks -
genau in die Mitte,
ganz nach Tradition und Sitte.

So ist auch mein Leben.
Ich würde alles dafür geben,
erfüllte der Sahneschaum
mir meinen Liebestraum.

Aber möchte ich wirklich wissen,
was ich tat so sehr vermissen
in all den Jahren?
Mein Zug ist doch sowieso schon abgefahren.

Und möchte ich wirklich davon träumen,
was ich tat versäumen
in all den Jahren?
Meine Wünsche tat ich doch im Herzen aufbewahren.

Ich möchte über meinen Schatten springen
und von der Liebe singen.
Liebe soll löschen, was in mir brennt
und hemmen, was in mir rennt.
Liebe soll umschmeicheln mein Herz
und mich führen himmelwärts
zu irgendeinem Stern, der mir sagt,
ich hab dich gern.
Liebe soll in mir wecken das Unbekannte,
ich möchte entdecken
bei Kerzenlicht und süßem Wein.
Ich möchte über meinen Schatten springen
und von der Liebe singen.

Was mir bleibt, ist der Kaffee,
mit Schaum weiß wie Schnee
ist die Sahne, ein Reflex,
nur ein kleiner Klecks –
genau in die Mitte,
ganz nach Tradition und Sitte.

Doch mit dem Löffel rühre ich
den Schaum fort, unwiderruflich.
Ich bin selber Schuld
wegen meiner Ungeduld,
ich muss den Kaffee heiß trinken –
wird dann auch versinken,
mein Traum sobald –
ich mag den Kaffee nicht kalt

So gibt es Dinge, die ändern sich nie,
das sagt mir meine Lebensphilosophie,
denn morgen, danach werde ich streben,
wird es wieder einen Kaffee geben.

Kaffeegeschichte einer Kaffeepflückerin

Meine Welt wäre passe,
gäbe es nicht den Kaffee,
die rot- grünliche Bohne,
für die es sich nicht lohne,
morgens aufzustehen,
um Kilometer weit zu gehen,
nur um sie zu pflücken
sich nach ihr zu bücken,
in der Woche alle Tage
und am Abend wartet die Waage.

Schwer fällt mir das Tragen,
Mutter wurde noch geschlagen.
mit einem Peitschenhieb,
die schreckliche Furche blieb,
die ein Leben lang schmerzte,
für uns gibt es keine Ärzte.

Oft denke ich laut -
Ich bekomme eine Gänsehaut,
wenn ich daran denke, es fehlt
mir jeden Monat das Geld,
um die Kinder zu ernähren,
bald werde ich noch eins gebären.

Das noch ungeborene Kind
weiß nicht, dass wir arm sind.
Ich sehe schon wie es sich bückt,
und die Bohne pflückt,
die es ganz leicht
mit den kleinen Händchen erreicht.

Vom Kaffeebaum die Spitze
erreiche ich nur auf der Zehenspitze,
so dass mir oft schwindelig ist.

Mutter erzog mich zum Christ,
und ich bete still - ich flehe,
dass Gott auf mich herab sehe
und das schnell vorbei sei,
die lästige Schwindelei.

An der Waage werde ich belogen
alle Pflücker werden betrogen,
denn die, die uns befehlen,
sind auch die, die uns bestehlen.

An guten Tagen mag es glücken,
an die hundert Kilo zu pflücken.
Reich werde ich davon nicht,
ich habe noch nicht mal Licht.

Mit welchem Recht-
behandeln sie uns so schlecht.

Warum gibt es Unterdrücker,
die uns armen Kaffeepflücker
immer nur schlecht bezahlen.
Statt mit ihrem Reichtum zu prahlen,
könnten sie uns doch mehr Lohn geben,
für ein klein bisschen mehr Leben.

Oma kommt heute zu Besuch,
ich lege auf ein weißes Tischtuch.
Blumen, sie sind frisch,
stelle ich auf den kleinen Tisch,
dazu zwei wunderschöne Kaffeetassen,
die farblich zu der Kerze passen.

Die Tassen tat mir einst schenken
meine Oma zum Andenken.
Sie lobt den frisch aufgebrühten Kaffee,
sie mag ihn weiß wie Schnee.

Oma kennt viele Geschichten,
ich möchte nicht darauf verzichten –
um keinen Preis!
Wir trinken den Kaffee heiß.

„Mein Kind, was für eine Revolution!
Meine Generation trank aus der Schale
Muckefuck banale.
Darin das Brot ertränkt
und unbeschränkt gestreut obendrauf
Zucker zuhauf.
Heutzutage ist Power angesagt,
starker Kaffee ist gefragt."

„Oma! Im Blümchenkaffe drin
 steckt auch nicht Geist und Sinn.
Aber die Kaffeekreationen,
die das Äußere betonen,
bedeuten durch ihre Verschiedenheit
Zeitgeist und Weltoffenheit.
Ein Espresso italienisch,
ein Mokka türkisch,
ein Schwarzer in Wien,
ein Advokat in Berlin.
Und auf Wunsch
gibt es sogar Dänischen Kaffeepunsch."

So stimuliert uns der Geschmack der Zeit,
Gemütlichkeit macht sich breit.
Milchschaum klebt an Omas Mund
und was er rund herum bedeckt,
hat Oma genüsslich abgeleckt.

                    Meine Kaffeegeschichte

Krebs ist mein Sternzeichen,
das Horoskop stellt mir die Weichen.
Ich soll die Gesundheit beachten,
und das Leben positiv betrachten.

Das werde ich heute tun,
ich lasse meine Seele ruh' n,

Von der anderen Seite der Welt,
habe ich mir einen Kaffee bestellt.
Es ist zwar etwas verfrüht,
doch egal, frisch aufgebrüht
mit heißem Wasser aus dem Kessel,
sitze ich mit der Tasse in meinem Sessel.

Die Augen werde ich schließen,
und lass die Zeit vorbeifließen.
Denn ich bin ein typisch' Weib,
und genieße diesen kurzen Zeitvertreib.
Und es interessiert mich nicht die Bohne,
zweifelsohne-
ob da einer was von mir will,
ich genieße einfach nur die Still
mit einem köstlichen Getränk,
ein Hochlandgeschenk.

So schaffe ich mir meine Oase,
es schmeichelt mir in der Nase
was da schwebt in der Luft,
ein herrlicher Duft,
aus der einzig wahren Bohne,
für die es sich lohne,
nicht an das Telefon zu gehen,
und die Türklingel abzudrehen.

Nichts kann mich von hier vertreiben,
für mich soll die Zeit stehen bleiben.
Etwas Sahne, ein kleines Zuckerstück,
bedeutet eine halbe Stunde Lebensglück.
Hier ist es mir auch erlaubt, zu dürfen
meinen heißen Kaffee zu schlürfen.

Ich mach es wie der April,
tue jetzt was ich will.
Da kann der Wind meinetwegen
stürmisch um das Haus fegen
und der Regen kann an das Fenster prasseln,
er wird mir nicht mein kleines Glück vermasseln.

Die Augen werde ich schließen,
und lass die Zeit vorbeifließen.
Denn ich bin ein typisch' Weib,
und genießen diesen kurzen Zeitvertreib.
Und es interessiert mich nicht die Bohne,
zweifelsohne-
ob da einer was von mir will,
ich genieße einfach nur die Still.
in meiner kleinen Oase,
es schmeichelt mir in der Nase
was da schwebt in der Luft,
ein herrlicher Duft.

Gelassenheit macht sich breit.
ich entkomme dem Zahn der Zeit,
mit jeder Minute, die ich hier verweilt,
der schwarze Zauber meine kleinen Leiden heilt.

Der eigene Kaffeebaum

Es erfüllt sich für mich ein Traum
von einem eigenen Kaffeebaum.

Mein Liebester hält mich in seinem Arm
und auf uns scheint die Sonne warm.
In seine Hände nimmt er mein Gesicht.
Mein Herz klopft, als er zu mir spricht:

Komm, wir gehen weg von hier,
Kaffeeblüten schenke ich dir.
Ich nehme dich bei der Hand
und führe dich in das Hochland
in Gottes schönsten Garten.
Dort wird die Liebe auf uns warten.

Wir wagen es, wir werden Kaffeebauer,
denn hier werden wir auf Dauer
nicht alt und auch nicht reich.
Komm lass uns gehen jetzt gleich,
in Gottes schönsten Garten,
der Kaffee kann nicht auf uns warten.

Kaffeepflücken hat nur einen Sinn,
wenn ich mein eigener Herr bin.
Nur für dich will ich mich plagen
und die schweren Kaffeesäcke tragen,
aus Gottes schönsten Garten,
an der Waage sollst du auf mich warten.

Wie gerne werde ich den Kaffee pflücken
Und nur für dich werde ich mich bücken
Wenn du liegst im grünen Wiesengrund
um dich zu küssen auf den Mund.
Dann muss für die Liebe in Gottes Garten,
auch der Kaffee einmal auf uns warten.

Kännchen oder Tasse,
Kaffee der Mittelklasse
ist nicht mehr gefragt,
heutzutage sind angesagt
Kaffeekreationen,
die das äußere betonen
und zum Genuss animieren.

Was für eine Revolution,
meine Generation
trank aus der Schale
Muckefuck banale.
Das Brot ertränkt,
und unbeschränkt
Zucker zuhauf -
gestreut obendrauf.

Kaffee ist eine Kultur.
Ob mit oder pur,
ein kleiner Espresso
ein Cappuccino,
die Verschiedenheit
bedeutet Weltoffenheit.
Mokka türkisch
Espresso italienisch,
ein Schwarzer in Wien,
ein Advokat in Berlin.
Es gibt sogar auf Wunsch
dänischen Kaffeepunsch.

Kaffeekreationen,
in allen Variationen,
mit der Zunge gefühlt,
mit Eis gekühlt,
mit Kakao bestreut,
was nicht bereut,
ist Kaffee mit Muskat.
recht delikat
auch mit Pfeffer,
ein Geschmackstreffer.

Kaffee stark serviert,
mit Cognac flambiert,
einfach genial
ist Café Royal.

Milchkaffee unterwegs,
gratis einen Keks
gibt es dazu
und der Clou,
sehr kreativ,
auf dem Schaum ein Motiv.

Milchschaum klebt am Mund
und was er rund –
herum bedeckt,
wird abgeleckt.

denn auf der Zunge bleibt,
der Geschmack der Zeit.

Der Weg zum Kaffeefeld

Jeden Tag führt mein Weg
über Schotter, über einen Steg,
hinauf zu dem Kaffeefeld,
der Regenwald ist meine Welt.

Mit Riesenfarnen und Bäumen,
die den Weg säumen -
die gewaltigen Urwalds Riesen,
hier gibt es keine Wiesen.

Feucht ist die Atmosphäre
und wenn ich durchquere
den Wald im frühen Sonnenlicht,
schon die erste Mücke sticht.

Geradeaus mein Weg mich führt,
doch was mich rechts von mir berührt,
sind die blühenden Orchideen,
hier bleibe ich einen Moment stehen.

In der feuchten Luft,
liegt der unbeschreibliche Duft
vom wild wachsenden Wald,
Pflanzen von großer Gestalt,
sodass mein Auge nicht sieht,
was oben in der Spitze geschieht.

Als ich eine seltene Pflanze entdeckte,
ein kreischen mich erschreckte.
Es sind die bunten Papageien,
und die Affen, die so schrill schreien.

Nun ist der Dschungel aufgewacht,
mit seiner gewaltigen Pracht.
Aus dem Dschungel dringt ein Laut,
es kribbelt auf meiner Haut.

Was ich höre ist mir unbekannt,
es sagt mir aber mein Verstand,
ich sollte nun besser gehen,
mich auch nicht mehr umdrehen.

Das du niemals vergisst,
sagte Mutter, die ängstlich ist.
Im Dschungel birgt sich die Gefahr,
was da lebt, ist unberechenbar.

Meint sie die Riesenschlange am Ast?
Gerne hätte ich sie einmal angefasst.

Doch ich darf sie nicht berühren.
Vielleicht morgen, es wird mich führen
wieder mein langer Weg
über Schotter, über einen Steg,
hinauf zu dem Kaffeefeld,
der Regenwald ist meine Welt.

Es gibt so ganz kleine Dinge im Leben, auf denen
trampeln wir im wahrsten Sinne des Wortes herum.
Ich meine die winzig kleinen Krabbeltierchen, die
unter unseren Füßen ums Überleben kämpfen. Aber
unter ihnen gibt es wahre Helden, die mutig ihr Ziel
verfolgen, ohne über die Gefahren nachzudenken.

Den Tausendfüßler erreicht ein Duft,
der mit einer kleinen Prise Luft,
von der anderen Straßenseite herüber weht,
von einem großen Gartenbeet.
Zu diesem Garten möchte er laufen,
er ahnt, dort gibt es einen Komposthaufen.

Aber was weiß der Wurm schon von einer Straße,
geschweige denn von Maße.
Für ihn ist sie nur unendlich breit,
eine Unermesslichkeit.
Er kennt auch nicht diese Stinker
mit den gelben Licht und den roten Blinker.

Und was da auf zwei Räder fährt,
findet er nicht beachtenswert.
Auch die lauten Geräusche stören ihn nicht,
der Wurm behält die Übersicht.
Für ihn gibt es nur ein Ziel,
von dem Kompost will er recht viel.

Dort will er hin, er plant die Reise
mit Bedacht und ganz weise
legt er seine Laufschuhe bereit,
Schuhe anziehen braucht eben seine Zeit.

Die Straße ist ein heißes Pflaster,
vorbei rauscht ein dicker Laster.
Den Tausendfuß lässt das kalt,
er kennt keine Gefahr auf dem Asphalt.

Zum Nachdenken hat er auch keine Zeit -
über die Wahrscheinlichkeit,
die andere Seite nicht lebend zu erreichen -
er kreuzt zwei Füßchen zum Siegeszeichen.

Dann sortiert er seine Füße, zirka tausend,
denn sie sollen ihn sausend,
nach drüben bringen - recht geschwind -
wer nicht wagt, der nicht gewinnt.

Sein Herz braucht dann doch einen Stoß
und so trippelt er mutig los.
Er schaut immer nur geradeaus -
über ihn herrscht Saus und Braus.

Tausend Füße trippeln nun eng an eng
und jeder Fuß achtet streng
auf den Gleichschritt -
doch wehe es kommt einer aus dem Tritt,
dann gibt es vom Hinterfuß mal ebenso,
einen Tritt in den Po.

Aber heute sind alle konzentriert
und der Wurm marschiert
schnurstracks über die Straße
immer nach der eigenen Nase
über ihn ein Bus, ein Doppeldecker,
ein gewaltiger Trecker,
Autos und Motorräder sind noch zu erwähnen,
für den Wurm egal, er kann sie eh nicht zählen.

Seine Devise ist – schaue nicht zurück
und was für ein Glück,
er tut nur vorwärts sehen,
und er bleibt auch erst stehen
als er die die andere Seite erreicht -
und er staunt nicht schlecht
gemäß seiner Größe maßstabgerecht
in der Menschenwelt
und er findet, er sei ein Held.

Weil er - und es klingt nicht mal arrogant –
den Kopf niemals steckte in den Sand.

So denkt der Wurm - des Menschen Fortschritt
ist nichts gegen meinen Gleichschritt.

Damit liegt der Wurm nicht mal schief,
des Menschen Fortschritt ist nur relativ –
so betrachtet aus des Wurmes Sicht –
einen Tausendfüßler überrollt man nicht.

Die Schnecke

Es sprach die Schnecke -
wenn ich jetzt gehe
dort drüben zu der Hecke,
mit der roten Schlehe,
brauche ich drei Tage
bis zu dem Weiher,
je nach Wetterlage.

Zur großen Hochzeitsfeier
war sie eingeladen,
von den Kalmücken,
die in Scharen,
sollte es glücken,
sich feierlich paaren.

Auf halben Weg,
tat die Blindschleiche
am kleinen Steg,
an der dicken Eiche,
die Schnecke überholen.
Sie grüßte nett -
Gott befohlen,
wir sehen uns beim Bankett.

Kurze Zeit darauf,
kam der Tausendfuß
daher im Dauerlauf
und mit Speichelfluss
rasend schnell daher
mit fünfhundert Paar Fuß

Der Wurm spöttelte mit Hohn:
„Mit deiner Bummelei
geht schon
das Jahr schnell vorbei."

Der Schnecke ging das quer,
sie verkniff sich einen Gruß.
So viel Verkehr,
ob das wirklich sein muss?

Endlich! Am dritten Tage
erreichte die Schnecke
wegen der guten Wetterlage
die grüne Hecke.

Es spottete die Spinne.
Sieh mal an -
wie schnell die Nuckelpinne
doch kriechen kann.
Doch die Schnecke lachte,
über das dumme Geschwätze.

Sie sprach - „Sachte! Sachte!
Immerhin komme ich ohne Hetze."

Am Eingang zur Parzelle
lagen Moosmatten
überwacht von der Libelle.
Die Damen und ihre Gatten
wurden von ihr gebeten -
zu tun, was auf der Matte geschrieben.
Bitte die Füße gründlich abtreten!

So taten sich die Gäste schieben,
und schubsen mit Gedränge,
sich stetig vorwärts treiben
mit fröhlicher Strenge.

Nur der Tausendfuß tat
auf der Matte scheinbar festzukleben.
Schöner Salat!
Grausam ist das Leben.

Schon zweieinhalb Tage
stand er mit Verdruss
und in aussichtsloser Lage
auf seine tausend Fuß.

Dazu kam - es überholte ihn die Schnecke.
Sie sprach mit einem Hauch Spöttelei-
Ich bin zuerst an der Hecke
trotz meiner Trödelei.
Und das ohne Beine und Sohlen.
Adieu mein Bester.
Gott befohlen.
Vielleicht sehen wir uns ja zu Silvester.

Heiter tat sich die Schnecke davonschleichen.
Ist das Leben nicht fein?
Den Langsamen stellt es die Weichen
und den Eiligen stellt es ein Bein.

Tanz ist ein Telegramm an die Erde, mit der Bitte,
dass die Schwerkraft aufgehoben werde. (Fred
Astaire) Tanzen gehört zu den schönsten Dingen im
Leben. Schon allein Walzerklänge bringen alle Beine
von ganz alleine in Schwung und sie tragen einen
dorthin, wo auch Walzer gespielt wird.

Auf Zierteichseerosenblatt findet
Walzerabend statt.
Orchester grillt garantiert,
Maestro Heuschreck dirigiert,
Ameise klebt an jeden Stamm
Lorbeerblatt mit Programm.

Glockenblumenklang
läutet zum Empfang.
Im Glühwürmchen Licht,
mit guter Aussicht,
gesehen zu werden,
kommt mit Großgebärden,
Vorgartenprominenz
mit Tausendfüßlerbiodieselturbobenz.

Graf Fliege von Stubenrein,
vom Insektenschutzverein
kommt Richter Drohne
mit Bienchen oben ohne.
Auf gelbschwarzer Socke
grüßt Rudolf Moosmückehammerlocke.
Frau Zitronenfalter Sauer,
Meister Spinnennetzbauer,
schöne Libelle sticht
Pfauenauge ins Gesicht.
Auch Senator Schnecke
kommt mit Gattin vom Flecke,
Elegant die weiße Made,
Gottesanbeterin fraß Gatte, ach wie schade.

Nach dem Abendmahl
ist Damenwahl.
Verneigt sich der Dirigent,
Orchester spielt exzellent,
Walzer auf zum Tanze.
Kleiner Floh und dicke Wanze
tanzen höchst konzentriert
rechts mal links ganz unbeirrt.
Und bald tanzen alle
auf diesem Balle

mit Tierchen wechsle dich,
und ganz meisterlich
tanzt verwöhnte Zecke
mit Gattin Schnecke.

Da geschieht ein Malheur,
 Richter tanzt wie ein Amateur.
Hat sich Bienchen geschnappt,
wirbelt sie im Walzertakt,
durch den Raum,
wie im Traum,
schwebt er dahin,
ist wie von Sinn.

Verliert die Kontrolle,
und mit Rückwärtsrolle
liegen beide flach
und mit viel Krach
sein Schwergewicht
ihr den Flügel bricht.

Groß ist ihr Geschrei,
alle kommen herbei.
Made tröstet Biene
und mit guter Miene,
Moosmücke modelliert,
Spinnnetzbauer repariert
Bienchen ihren Flügel,
mit Netz und Bügel
in Form gebogen,
zurecht geschoben.
Bienchen wieder heiter,
Walzertanz geht weiter.

Mit Tierchen wechsle dich
und ganz meisterlich
tanzt elegant die Made
ganz alleine, ach wie schade.

So vornehm tanzt die Prominenz
 ihren Walzer im Lenz.
Und für jede Dame gibt es einen Strauß,
überreicht von der schönen App – Laus.

Das Wildschwein

Das Wildschwein,
ist gemein
und ein Wühler
ohne Fühler,
aber mit Hufen und Rüssel.

Es durchwühlt die Erdschüssel
nach Pilzen und Knollen
und ohne es zu wollen,
bricht es einen Streit
in der Erntezeit
vom Zaun
mit dem Bauer Emil Braun.

Der Bauer ist geladen.
Einen Schaden
wühlte das Schwein,
wie gemein,
auf seinem Feld -
der Acker ist entstellt.

Der Bauer
regiert sauer.
Welch ein Jammer
und in seiner Kammer
geht ihm auf ein Licht-
er zu sich spricht:

„Wenn das Wildschwein
im Monden Schein
sich vergnügt
und meinen Acker pflückt,
dann ist die Ernte hin,
es gibt keinen Gewinn.

Dann bin ich,
sprichwörtlich,
ach, wie gemein,
das arme Schwein."

Es gibt so kleine Dinge im Leben, die gehen uns tierisch auf
die Nerven. Ja, sie können einen sogar regelrecht um den
Schlaf bringen.

Es ist ein schwüler Sommertag,
wie ihn keiner mag.
Besonders in der Nacht,
was schlaflos macht,
ist nicht das Gewitter.
Ein Loch ist im Fliegengitter.
Es ist so winzig klein,
da passt nicht mal rein,
der kleine Finger.
Aber die kleinen Dinger,
genannt Mücke,
die mit Tücke
ihre Nacht gestalten
mit Kurs halten,
ohne Respekt
auf ein Objekt,
das in sich trägt die Speise,
die die Mücke auf ihrer Weise,
sich zu holen pflegt.

Noch liegt unbewegt
das Objekt im Bett
nackt wie auf einem Tablett
frisch serviert,
und unbeirrt
nimmt die Mücke ins Visier
das schlafende Murmeltier.

Mit lauten sssssss Geräusche
ist das Ziel das Unkeusche
das sich regelrecht anbot
zu beenden ihre Hungersnot.
Mit einem sauberen Stich,
ausgeführt ganz ordentlich,
und wohl vertraut
ritzt sie in die Haut
ihre Blutquelle,
trifft dabei eine Nervenzelle,
die Juckreiz auslöst,

und der, der döst,
wird nun wach,
und haut flach
nach der Mücke mit der Hand
voll daneben, an der Wand -
sitzt fett die Mücke
die in ihrem Glücke
und mit Ruhm bedeckt
sich den Rüssel leckt.

Im Bett saß der Nackte,
die Wut ihn packte
über diese Stichelei.
Die Nacht ist noch nicht vorbei.
Der Juckreiz ihn dazu brachte,
dass er sich auf die Jagd machte,
die sich aber als sinnlos erwies,
der Plan war nicht präzis.
Die Mücke lachte,
- weil es ihr Spaß machte -
parkte sie nun in seinem Gesicht,
und sie besticht
ihn mit Wohlbehagen,
gern täte sie ihm aber sagen -

Mensch, du bist ein Riese
und doch kriegst du die Krise,
hörst du mich kleine winzige Mücke
anschwirren mit Tücke
und beim kleinsten Stich,
bringst du, sprichwörtlich
wie gestochen
dein Blut zum Kochen.
Für mich ist das nicht schlecht,
bekomme ich doch jagdgerecht
auf diese Weise,
die leckerste Speise.

Mensch, Hunger habe ich.
Spürst du schon den kleinen Stich?

Zu den kleinen aber ganz besonderen Dingen im Leben
gehört die Freundschaft. Ein Mensch ohne Freunde ist
wie ein Wald ohne Bäume. Aber Achtung - unter den
Freunden gibt es aber auch solche und solche - die
einen sind käuflich und die anderen sind unbezahlbar.

Freunde

Es gibt Freunde -
gute,
die jede Minute
Unruhe bringen,
weil sie eindringen
in dein Leben,
danach streben,
ihr „Ach" loszuwerden,
sind doch auf Erden
nur sie allein
ein armes Schwein.

Es gibt Freunde,
wahre,
die bis zur Bahre,
dein Leben mitgestalten,
zu dir halten
in schlechten Jahren,
an der Zeit nicht sparen
sind sie stets bereit,
zu gehen,
für dich durch das Feuer,
wird es auch teuer,
bezahlt mit dem Leben,
egal, sie geben
es nur für dich –
unerschütterlich.

Du bist ein Freund,
wenn es brennt
und du rennst,
mit nackten Füßen,
muss du auch büßen,
für den großen Schritt,
der das Feuer austritt
ohne Reue.

Freundschaft ist wahre Treue.

Es gibt Dinge im Leben, die sind nicht für alle gleich
geschaffen. Wer dennoch meint, er könne sich seiner
Bestimmung widersetzen, der irrt.

Der stolze Hahn

Der stolze Hahn,
vom Brahma Clan,
ein Bild der Illustrierte,
wenn er daher stolzierte,
eine besondere Klasse,
gemäß seiner Rasse,
mit arroganter Haltung,
die zur Entfaltung
seiner Persönlichkeit beitrug.

Mehr eingebildet als klug
war sein kühner Blick,
kurzum – er fand sich schick,
der Gockel, ein Geck,
ein Hühnerschreck,
in der Hühnerschar
war er das Prachtexemplar.

Scharren wie sie
das tat er nie.
Er trug zwar wie ein jeder
buschige Feder
an den Füßen,
aber musste er deshalb das Huhn grüßen?

Lieber tat er es verhöhnen,
mit Großschnabel tönen:
Was hast du Huhn
hier schon zu tun?

Ich will es dir sagen!
Du musst mich tragen
auf deinem Rücken,
so kann ich mich beglücken,
mehrmals am Tag,
wann immer ich mag.

Das ist deine Pflicht,
mehr nicht –
außer nicken,
kannst du picken

nach einem Korn.
mal hier, mal dort.

Ach ja, und meinetwegen
kannst du auch legen
in dein Nest ein Ei,
Sonntags auch mal zwei.

Das war zu viel für das Huhn,
hatte es genug damit zu tun,
den Samstag zu überleben.
Ständig musste es achtgeben,
denn es war dem Tod geweiht,
durch die menschliche Gefräßigkeit.

So kochte in deren Suppentöpf'
als Suppenhuhn nur das Geschöpf
vom weiblichen Geschlecht.
Wie ungerecht!

Nur weil der Hahn
am Hofe in Unterzahl,
fiel die Wahl,
trotz sein Schwergewicht.
auf ihn nicht.

So brachte die Hühnerschlachtung
dem Gockel nur Verachtung.

Doch danach krähte der Hahn nicht,
solange sein Genick nicht bricht
und er auf der Brust
noch Feder hat und Lust,
das Huhn zu locken,
um sich auf dieses zu hocken.

So konnte er auf Freilanderden
ganz schön alt werden.

Und auf jeden Fall -
das Huhn im Hühnerstall
fand er kurzum
einfach nur dumm.

Da sprach das Huhn -
Ich will dir nicht wehtun,
aber Hochmut
tut auch dir nicht gut.

Und noch am gleichen Tag,
als die Sonne westlich lag
gab es vor dem Hühnerstall
einen Todesfall.

Der Gockel fiel von der Leiter,
denn immer weiter
und hoch hinaus,
weit übers Haus -
wollte dieser blöde Hahn
in seinem Wahn -

Auf der Leiterspitzen
wollte er sitzen.
Hier sollte es ihm gelingen,
statt krähen zu singen.

Beglücken sollte sein Gesang,
und mit frischem Tatendrang
erklomm er die Leiter,
ein Himmelsreiter,
ein Hahnenritt.
Schritt für Schritt
in schwindelnde Höhe.
Die ersten Flöhe
verließen ihn geschwind
mit dem Wind.

Auf der letzten Sprossenstange
wurde es dem Hahn doch bange.
In der Nähe der Dachschindel
erfasste ihn ein Schwindel.

Er schaute runter -Huhn
was soll ich tun?

Das Huhn gackerte - Nun -
erst dicketun -
dann schlapp machen,
du bist ja zum tot lachen.

Da krähte einmal noch
der Hahn aus dem letzten Loch.
Er warf den Kopf in den Nacken,
dann tat er in sich sacken.
Tot! Sein Verderben
war zu sterben
ohne Grund.
Er war doch gesund.

Der Hahn auf dem Mist
jedoch – wurde bald vermisst
vom Huhn.
Es gab nichts zu tun,
außer nicken
nach Körner picken.

So klagte in ihrem Federkleid
das Huhn ihr Leid.

Was musste er auch danach streben,
was ihm nicht gegeben?
Na gut, krähen auf dem Mist,
nicht gerade die Erfüllung ist.

Aber Liebe und Singen
lässt sich auch nicht erzwingen.

Und ein Küken im Ei
kommt auch nicht herbei,
denn ohne Hahn.
ist die Zeit vertan
mit sinnlosem pressen.
Das hatte das Huhn wohl vergessen.

Sie wollte das Nest schon verschmähen,
da hörte sie vom Misthaufen ein krähen.

Ein jugendlicher Schrei.
Das Huhn eilte schnell herbei.

Sie sah seinen kühnen Blick,
fand ihn ebenso schick
wie die Feder an jedem Fuß,
er neigte den Kopf zum Gruß.

Da hob das Huhn ihr Gefieder,
schob es hoch, schob es nieder.

Doch- vertan – vertan
er war auch nur ein Hahn.
Auch er tat nicht fragen,
ließ sich einfach tragen,
auf ihrem Rücken,
um sich zu beglücken.

Doch auch den Hahn ereilte
der Tod, als er verweilte
stolz auf dem Mist
und sich zu schade ist
der Lebensmühe,
zu krähen in aller Frühe.

Was der Hahn zurück ließ,
war ein Feder Strähnchen,
der Rest endete am Spieß
als ein Brathähnchen.

So ist die Moral von der Geschicht',
Überheblichkeit lohnt sich nicht.

Nackte Tatsachen

Die Tat streitet
mit der Sache
doch tatsächlich
über das Einfache.

Die Sache zwickt
die Tat mit Gemeinheiten
und verstrickt
sich in Nebensächlichkeiten.

Auf dem Pfad der Tätlichkeiten -
beide sich blamieren.
Das ist gewiss.
Sie können sich nicht zivilisieren -
dazu fehlt ihnen der Biss.

Als die Sache sich aber entwickelt,
ist vorbei der Streit.
In der Tat fängt es an zu prickeln
wegen der Unsachlichkeit.

Die Sache will sich entblößen
und bittet doch tatsächlich,
die Tat, die Haken zu lösen.
Die Sache ist unwiderstehlich.

Doch es kommt schlimmer.
Weil beide gemeinsame Sache machen,
in der Tat, wie auch immer,
gebären sie nackte Tatsachen.

So hat sich die Sache gewendet
und die Tat ist vollendet.
Da gibt es kein Verdrehen,
es gilt, den Tatsachen ins Auge zu sehen.

Es sind zwei, die schwitzen,
wenn sie ihr Tagwerk schnitzen,
bis es Gestalt annimmt,
die ihre Arbeit bestimmt.
Sie werden sich schinden,
sich täglich überwinden,
um sich aufzuraffen,
ihr Pensum zu schaffen.

Es sind zwei die offen sind,
sie gehen nicht blind
durch das Leben,
sie wollen ihr Bestes geben.
Nie werden sie klagen,
wenn sie tragen,
schwer an der Last,
sie haben fest zugefasst.

Es sind zwei, die sich regen,
sich ständig bewegen,
nie im Stillstand verharren,
nur Kälte lässt sie erstarren.
Und wenn sie nichts tun,
möchten sie ausruh' n
und im Schoß verweilen,
damit ihre Wunden heilen.

Es sind zwei, die sich zwingen,
ihr Tag zu beginnen
in aller Herrgottsfrühe,
das Aufstehen macht Mühe.
Aber abends zur Schlafenszeit
sind zwei wieder bereit
die Kleinen in den Schlaf zu wiegen,
um ihre bösen Träume zu besiegen.

Bis das Nachtlicht erlischt,
haben zwei den Kummer weggewischt.

Wenn aber die Zeit ist abgelaufen
 haben zwei Zeit zum Verschnaufen.
Und das, was zwei hinter sich lassen,
scheint für immer zu verblassen.

Und zwei werden sich innig falten,
um einander festzuhalten
für das letzte Gebet -

bevor der Mensch geht –

hat er den Zweien erzählt,
dass ein Zweifel ihn quält.
Was soll ich sagen, wenn sie mich fragen,
was ich mit meiner Gabe auf Erden getan habe?

Es sind zwei, die dann sagen –
Was tust du dich plagen?
In deinem langen Leben
hast du alles gegeben -
vom Anfang bis zum Ende.

Zeige deinem Schöpfer einfach nur deine Hände!

Lampenfieber

Für euch mache ich mich zum Narren,
ich offenbare meine Seele.
Tue in der Verkleidung verharren
und schlucke den Kloß in meiner Kehle.

Angst spüre ich tief unten im Magen,
im Hals pocht das klopfende Herz.
Es beherrscht mich ein Missbehagen,
in den Beinen spüre ich weichen Schmerz.

Doch ich will im Rampenlicht stehen,
um hervorzuzaubern euer Raunen. -
Um wie ein Stern am Himmel aufzugehen,
ich tue es für euer Staunen.

So lasse ich es frei heraus,
ich gebe alles für euren Applaus.

Es ist schönes Ding auf Erden, wenn Weihnachten will
es wieder werden. Darum habe ich mir gedacht, dass
meine Weihnachtsgedichte Freude macht.

Ach er war so ein schöner Baum,
ein glänzender Weihnachtstraum.
Alle waren von ihm entzückt,
dann wurde der Schmuck abgeschmückt.
Trocken wurden seine Nadelstreifen,
doch vermochte er in seinem Leid zu begreifen -
es gibt keinen Grund, traurig zu werden,
Weihnacht gibt es ja bald wieder auf Erden.

Mit der Lichtmess verließ er euch im Guten.
Aber schon da tat er vermuten,
es gibt im Dezember ein Wiedersehen
um gemeinsam den Bund der Weihnacht einzugehen.

Bald darf er wieder danach schmachten,
dass die Kinder ihn staunend betrachten.
Er liebt es mit den Kindern zu träumen
und er wird es auch nicht versäumen,
sich wieder mit seinen grünen Zweigen
vor dem Wunder der Heiligen Nacht zu verneigen.

Auch ihr dürft niemals versäumen,
mit den Kindern weiter zu träumen.
Ihre strahlenden Gesichter dürfen nie enden,
das Licht der Kerzen sie nicht blenden,
sodass sie niemals den Glauben verlieren.
Ihre kleinen Seelen dürfen nicht erfrieren.

Ungeschmückt steht er vor euch im grünen Kleid
doch die Vorfreude macht sich breit.
Es erfüllt sich bald wieder sein Traum-
zu sein ein liebevoll geschmückter Tannenbaum,
der als Symbol für Hoffnung in eurer Stube steht
und im Februar dann wieder um sein Leben fleht.

Doch wenn die Kerzen strahlen heller,
dann schlägt sein Herz schneller
für seinen Weihnachtstraum.
Ach- er ist so ein schöner Baum,

Weihnachtsbrauch

Wenn Nebel, Schnee und Eis
das Land verhüllen in weiß
trifft uns mit voller Wucht
auch heute noch die Sehnsucht
nach Wärme und Geborgenheit,
Ruhe, Frieden und Besinnlichkeit,
Düfte, Strohsterne und Träume,
festlich geschmückte Räume.
Kinder spielen auf ihren Flöten,
am Himmel der Sterne Kometen
leuchten heller in der Winternacht,
der Frost kalte Füße macht.
Weihnachtsmarkt, Wunderland,
Gedränge am Glühweinstand,
ein alljährliches Ritual,
dazu ein weihnachtlicher Choral,
ein Chor ihn mit kaltem Atem singt,
vom Karussell Musik erklingt,
die den Chor dadurch verhöhnt,
dass sie ihn lautstark übertönt.
Das ist von jeher Weihnachtsbrauch
und genau den brauchen wir auch.

Kinder stellen den Stiefel raus,
der Nachbar spielt den Nikolaus.
Ein Adventskalender mit Figürchen
aus Schoko hinter jedem Türchen,
verkürzt die lange Wartezeit,
Weihnachtstrubel macht sich reit.,
An das Christkind glauben,
Weihnachtsschmuck entstauben,
Geschenke selber bauen,
einen Christbaum klauen
ist keine gute Tat.
Weihnacht ist immer noch privat.
Kinder, die Wunschzettel schreiben,
es mit ihren Wünschen übertreiben.

Im Kamin knistert das Holz
Eltern sind auf ihre Kinder stolz,
wenn sie mitspielen im Krippenspiel
und alle wissen nur soviel
Das ist von je her Weihnachtsbrauch
und genau den brauchen wir auch.

Mutter ist der beste Koch,
alle krempeln die Ärmel hoch
beim Plätzchenteig mischen,
sich beim Naschen erwischen.
Kinder die sich Heiligabend trauen
durch das Schlüsselloch zu schauen
was liegt auf dem Gabentisch,
der Tannenbaum riecht frisch.

Ein Glöckchen klingelt zur Bescherung
und zur Christkind Verehrung,
Alles strahlt hell im Kerzenschein,
ein Moment des Ergriffen sein.
Irgendwer spielt auf dem Klavier,
verstreut liegt das Papier,
von den Geschenken,
an die Kindheit zurück denken,

Vom Kirchturm läuten die Glocken
mit hellem Klang sie frohlocken.
Menschen füllen das Kirchenschiff,
Mitternachtsmette ist der Inbegriff
der weihnachtlichen Botschaft
und mit der stimmlichen Kraft
der alljährlich kommenden Seelen
schallt es aus allen Kehlen
o wie es lacht –
gewaltig tragend das Stille Nacht.
Das ist von jeher Weihnachtsbrauch
und genau den brauchen wir auch.

Kling Glöckchen Klingeling,
vor der Tür steht ein Fremdling
mit einem jungen Weib
und dick ist ihr Leib.
Sie sagt, sie bekommt ein Kind.
Es bläst ein kalter Wind
ihr durch das Gesicht.
Nun, ich kenne die Beiden nicht.
Darum lass ich sie auch nicht rein,
mein Haus ist eh viel zu klein.
Das stört bestimmt meine Ruh,
ich mache jetzt die Türe zu.

Leise rieselt der Schnee,
auf mich wartet der heiße Tee.
Was stören mich die Zwei?
 Ich habe kein Zimmer frei.
Ein Fremder mit brauner Haut
und seine kleine Braut
ist schwanger und noch jung,
steht kurz vor der Entbindung.
Das stört bestimmt meine Ruh,
ich mache jetzt die Türe zu.

Nun, ich bin nicht bös gesinnt,
aber schreien wird das Kind.
Es kommet ihr Hirten
und ich soll sie noch bewirten?
Sie werden hier ein und aus gehen,
denn sie wollen das Kind ansehen.
Süßer die Glocken nie klingen-
sie werden mir nur Unruhe bringen.
Es ist die Stille Nacht, heilige Nacht,
oh wie es vom Himmel lacht.
Kinder werden im Krankenhaus geboren,
was haben die beiden hier verloren?
Ich gehe ja auch nicht los - heute
und klopfe an die Tür fremder Leute.

Da- es klingt schon aus der Stube,
Alle Jahre wieder, singt mein Bube.
Weihnacht ist nur einmal im Jahr -
besinnliche Feiertage wunderbar.
Fröhlich soll mein Herz springen,
 das Christkind wird Geschenke bringen.

Vom Himmel hoch da komm ich her,
plötzlich geht gar nichts mehr.
Denn mit der Bescherung
kommt auch die Belehrung.
Mein Gewissen verschafft sich Luft -
Du bist vielleicht ein Schuft.
Maria hat in der Heiligen Nacht
das Christkind zur Welt gebracht.
Fröhliche Weihnacht überall,
man überließ ihr immerhin den Stall.
Du batest die Beiden nicht einmal herein
und nun willst du froh und munter sein?

Ist deine Barmherzigkeit im Schnee erfroren?
Vielleicht wird heut ein Christkind geboren.
Und du Esel wolltest deine Ruh
und machtest einfach deine Türe zu.

Kling Glöckchen Klingeling,
steht vor deiner Tür ein Fremdling
mit einem jungen Weib
und dick ist ihr Leib,
 egal zu welcher Zeit
dann macht hoch die Tür,
die Tor macht weit.

Ach Weihnacht

Weihnacht ach Weihnacht
was hast du dir bloß dabei gedacht.
Du kommst in der kalten Jahreszeit
und machst dich vor meiner Türe breit.
Hast du keine Angst zu erfrieren?
Du tust dein Dasein riskieren.

Sag bloß nicht- wegen mir,
stehst du hier vor meiner Tür,
wie eine winterliche Verfrorenheit.
Aber ich mag deine Beharrlichkeit.

Du kommst jedes Jahr wieder,
Leicht angestaubt und bieder.
An meiner Tür tust du bimmeln
und du lässt dich nicht abwimmeln.
Du hast es echt auf mich abgesehen,
willst einfach nicht weiter gehen.

Bis jetzt lebte ich auch gut ohne dich.
Alles an dir war mir zu abenteuerlich -
der Friede und die Geborgenheit,
die Freude und die Seligkeit,
der Glanz, der Jubel, das Gloria
und das ganze Weihnachts - Trallala.

Wenn aber die Kirchenglocken,
es schaffen, selbst den Teufel zu locken
aus seinem höllischen Gefilde
und stimmen ihn mit ihrem Klang milde,
dann lasse ich meine Bedenken ungeachtet.
Ich will, das auch bei mir wieder weihnachtet.

Plötzlich wird mir ums Herz richtig warm,
meine Gefühle schlagen Alarm.
Es gibt kein ostert, kein pfingstet,
aber es weihnachtet und das verspricht
mir die Erinnerungen zurück zu bringen,
ich will wieder Stille Nacht singen.

Den Tannenbaum möchte ich schmücken
und Freunden mit Geschenken beglücken.
Mit Weihnachtsteller und Baumkuchen
möchte ich die Stille suchen.

Und siehe da, mit dem Weihnachtsfest
auch die Kälte mich verlässt.
Sie kann nicht mehr rein zu mir,
weil - Weihnachten steht vor der Tür.

Es gibt Dinge, die sind einfach nur Unsinn. Und weil
lachen auch ein schönes Ding ist, darf dieses hier
getan werden.

In einem Nichtraucherabteil sitzen Leute,
ein Mann von gestern und zwei Frauen von heute.

Ein Mann, der scheinbar von gestern,
sitzt gegenüber zweier Schwestern,
deren Haare weiße Schleier bedecken.
Er will sich eine Pfeife anstecken.

Die Raucher Utensilien auf dem Schoß,
eine Schwester denkt, was macht der bloß?
Der Mann nimmt eine von den vielen Pfeifen,
und tut nach einem Pfeifenputzer greifen.

Die zwei Schwestern sind einstimmig empört
Mein Herr, wir fühlen uns gestört,
wenn sie hier und jetzt rauchen,
bitte unterlassen sie das Pfeife schmauchen.

Dem Mann, mit einem Lächeln im Gesicht
sagt – Sehen sie, ich rauche ja gar nicht,
ich stopfe lediglich nur meine Pfeifen.
Mein Herr, so die Eine, sie müssen begreifen,
stopfen ist eine Vorstufe zum Pfeife schmauchen
und hier wird niemand rauchen.

Der Mann packt alles ein mit Verdruss
da sieht er, das die Zwei mit Genuss
ihre vielen Proviantdosen hervorholen.
Meine Damen - wollen sie mich verkohlen?

Und er weiter- Meine Damen, ich bin empört
Sie müssen wissen, dass ihr essen mich stört.

Aber lieber Mann, wie essen noch gar nicht.
Wir bereiten lediglich vor unser Vespergericht.

Nun meine Damen, dass soll wohl heißen,
sie bereiten sich nur vor zum schei …. ?
Dann sollten sie aber auch hier wissen
in diesem Abteil wird nicht geschi ….!